Vor dir liegt ein Buch,
das du nicht so schnell vergessen wirst ...

... nimm es also überall mit hin!

Schreibe Seitenzahlen in das Buch, aber beginne mit **96**

Weiche ein Gummibärchen ein

und klebe es auf die Seite.

Alle Sticker, die du doof findest,

haben hier ihren Platz.

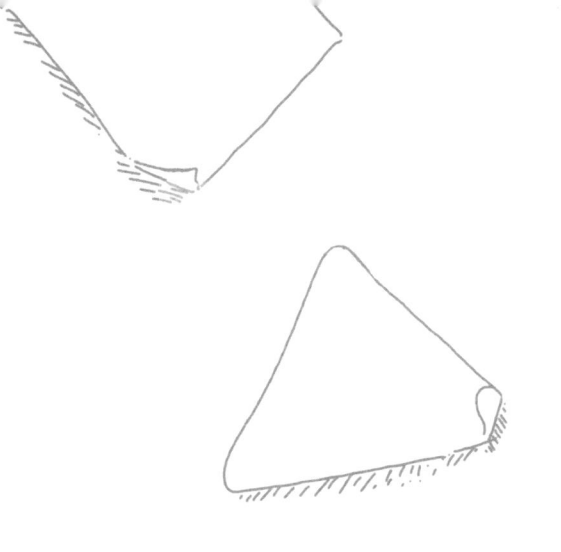

auf dieser Seite und...

Male mit Wasserfarben

...drucke sie auf dieser Seite ab.

Tauche deinen dicken Zeh in Matsch

ZEICHNE PORTRÄTS VON DEN LEUTEN,

Male die Seite mit Wachsmalstiften aus und kratze kleine Tiere hinein.

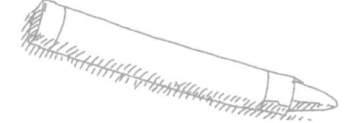

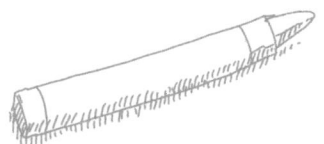

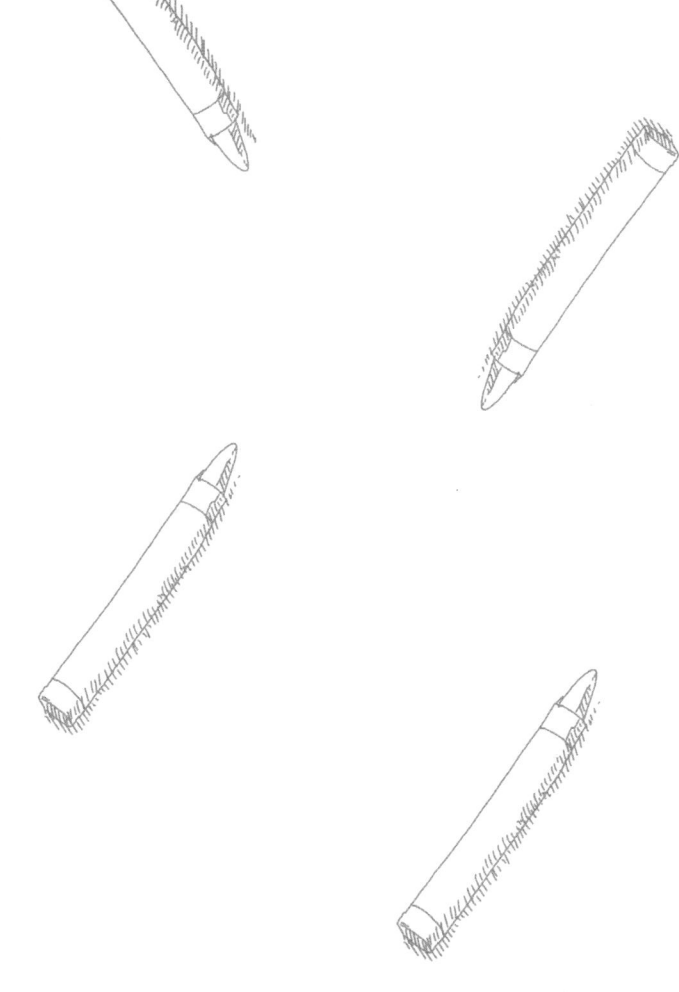

Lass etwas Orangensaft auf die Seite tropfen und puste mit einem Strohhalm ein Bild.

Presse einen Schlüssel so fest in die Seite, bis ein Abdruck entsteht.

Schreibe auf diese Seite einen Brief. Trenne dann die Seite raus und verschicke sie als Flaschenpost.

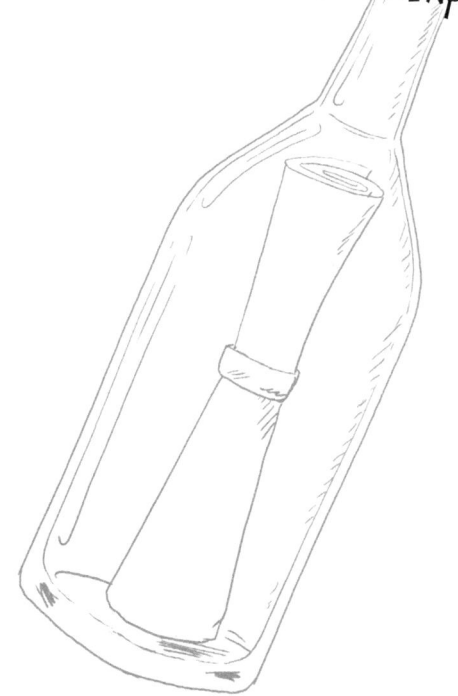

Kritzle mit einem Bleistift auf diese Seite, bis die Mine abbricht.

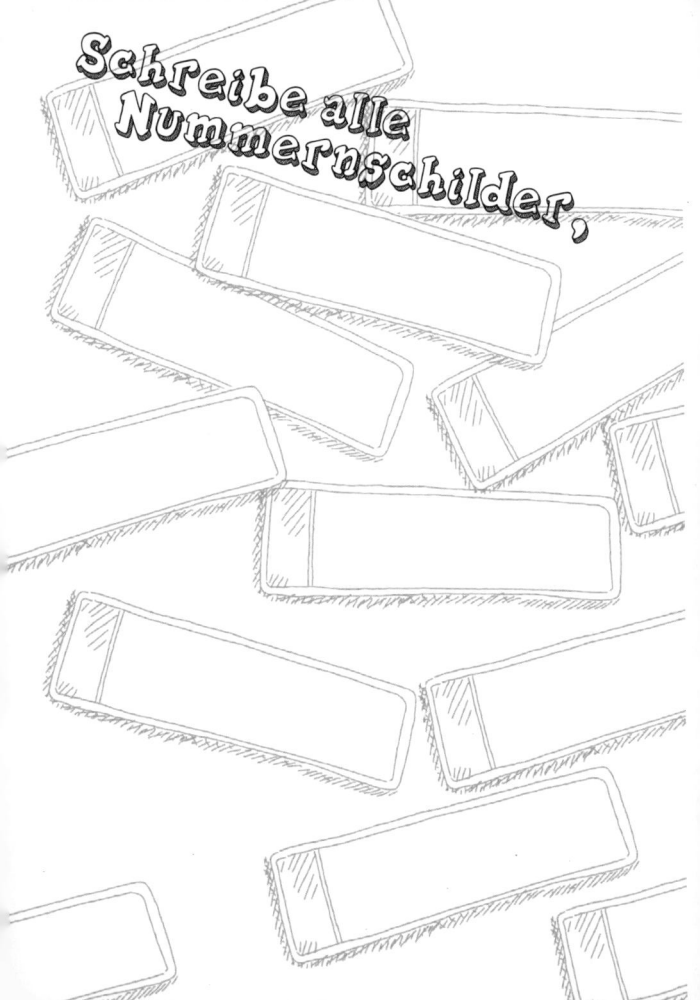

Nimm einen Lippenstift und male einen großen Kussmund.

Küsse ihn dann.

Reiße diese Seite heraus und zerreiße sie. Klebe sie dann auf der nächsten Seite wieder zusammen.

Klebe hier die Schnipsel wieder zusammen.

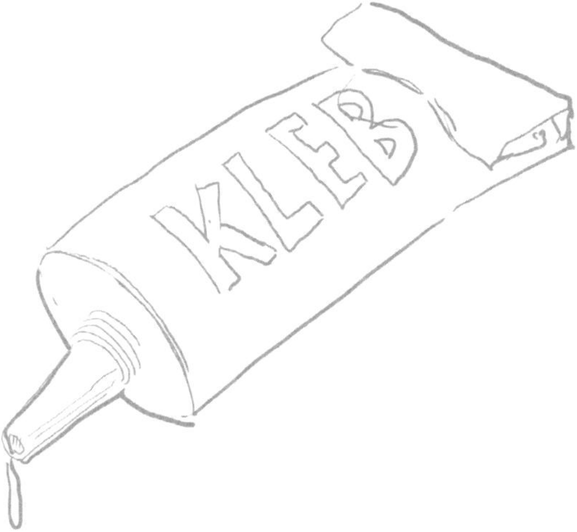

SCHREIBE DEN NAMEN DEINER LIEBLINGSPERSON GANZ KLEIN UND SO OFT, BIS DIE SEITE VOLL IST.

Fahre mit deinem Fahrrad oder Roller über diese Seite.

Drehe das Buch um und schreibe deinen Lieblingsspruch rein.

SPUCKE AUF DIE SEITE,
LASS SIE TROCKNEN
UND UMRANDE DIE SPUCKE
MIT EINEM BUNTEN STIFT.

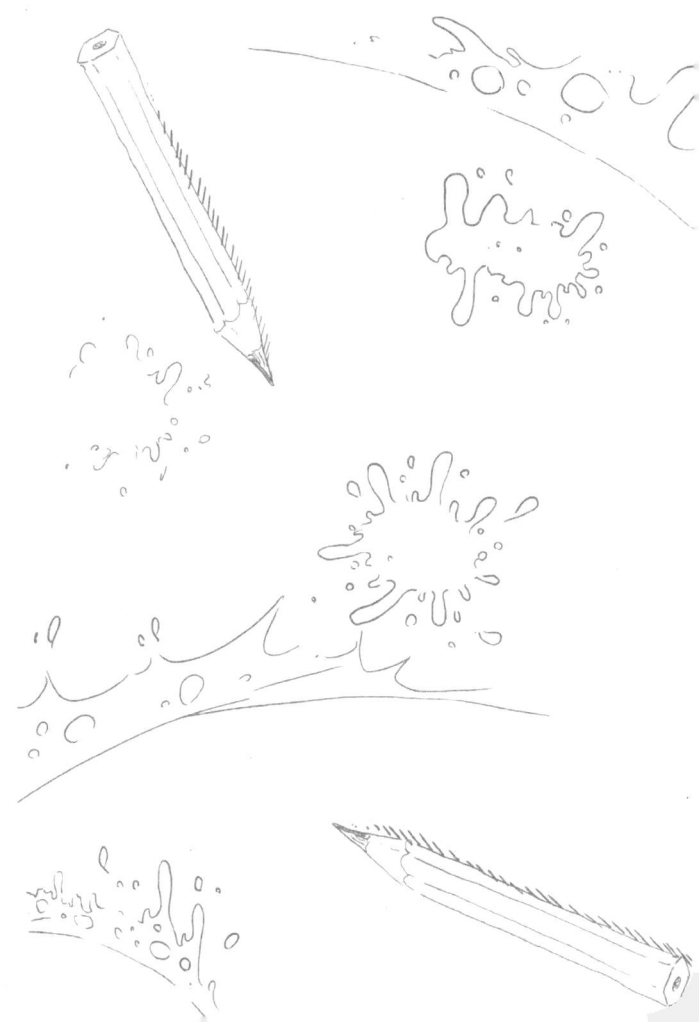

Lass das Buch in eine Pfütze fallen und hänge es dann drei Tage an einen Baum.

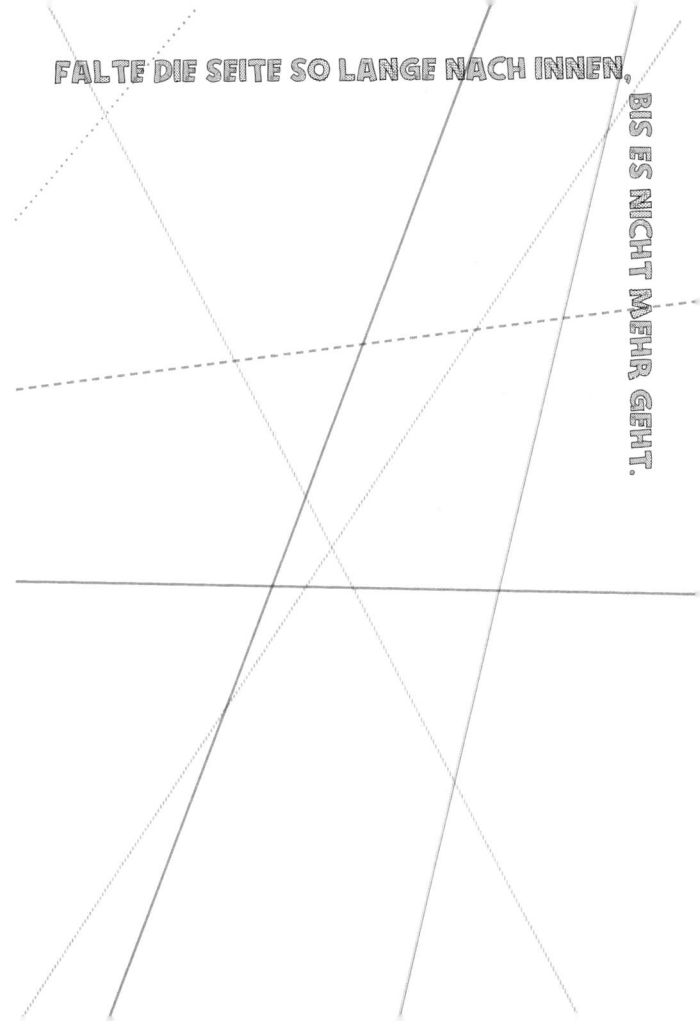

FALTE DIE SEITE SO LANGE NACH INNEN, BIS ES NICHT MEHR GEHT.

Hier ist Platz für Bilder deines Stars (Musik, Sport, ...).

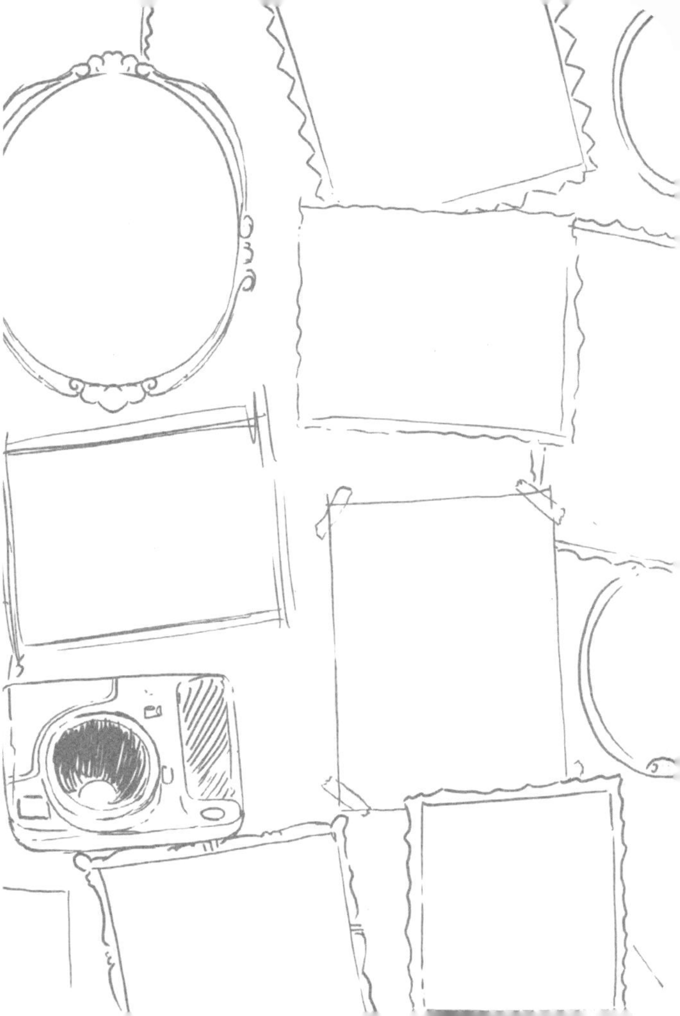

MACH ZEHN FINGERABDRÜCKE MIT WASSERFARBEN.

GESTALTE DANN DARAUS
LUSTIGE TIERE,
FIGUREN, FAHRZEUGE, ...

KLEBE HIER DEINE ABGESCHNITTENEN FINGERNÄGEL EIN.

Besprühe diese Seite mit dem Parfum deiner Mutter oder Schwester bzw. deines Vaters oder Bruders.

Klebe hier unterschiedliche Arten von Sand ein.

Gute-Witze-Seite

Schlechte-Witze-Seite

BITTE DEINE BESTE FREUNDIN/ DEINEN BESTEN FREUND, DIESE SEITEN *zu gestalten.*

Wirf das Buch mit deinen Freunden hin und her oder veranstalte einen Weitwurf-Wettbewerb.

Staubhasen, die du in deinem Zimmer findest, gehören auf diese Seite.

Lass deiner Wut freien Lauf.

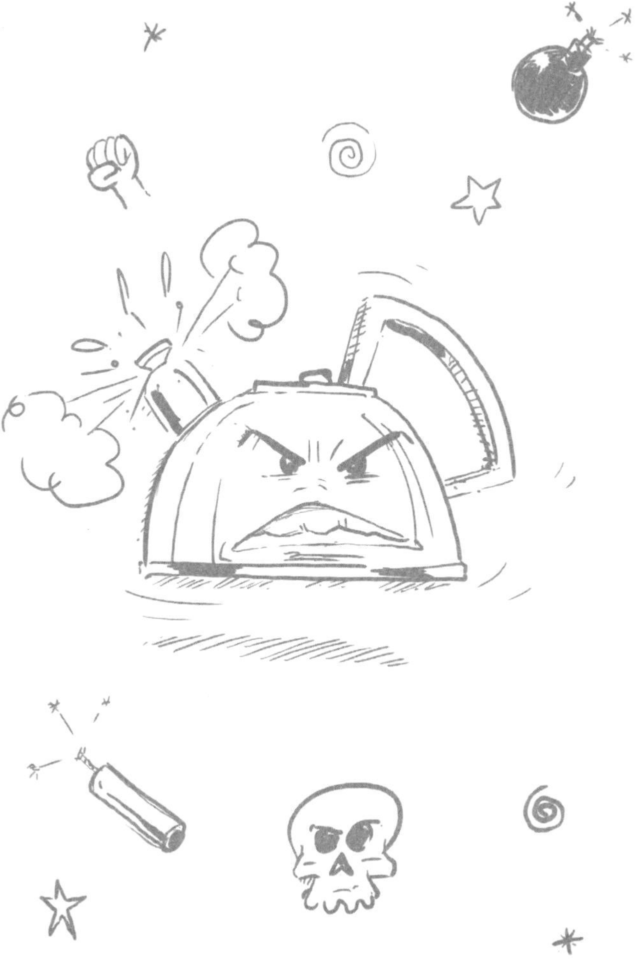

Denke dir ein Geheim-Alphabet aus:

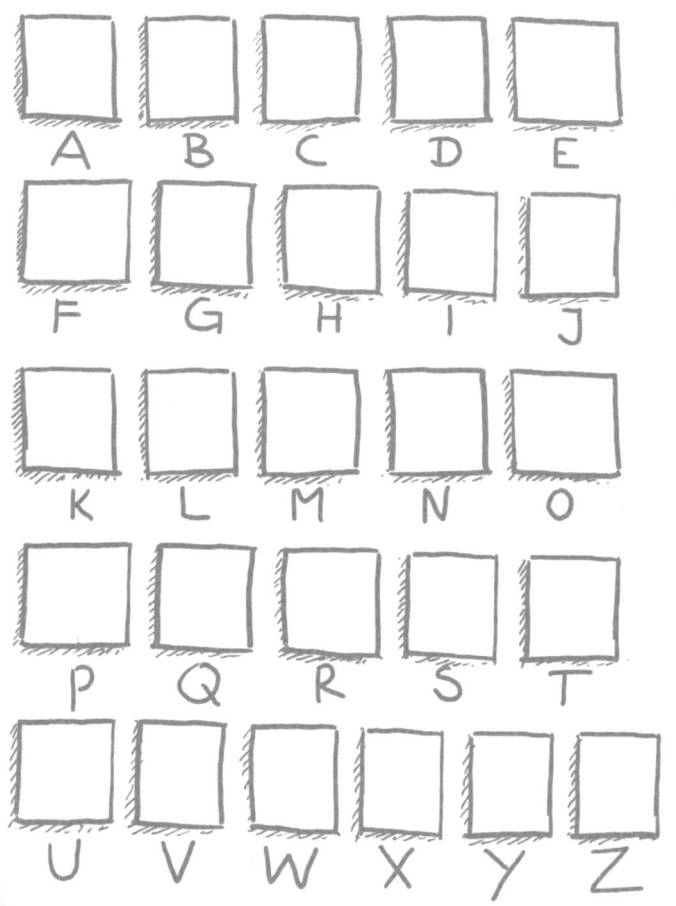

A	B	C	D	E
F	G	H	I	J
K	L	M	N	O
P	Q	R	S	T
U	V	W	X	Y	Z

Schreibe hier
3 Wünsche auf ...

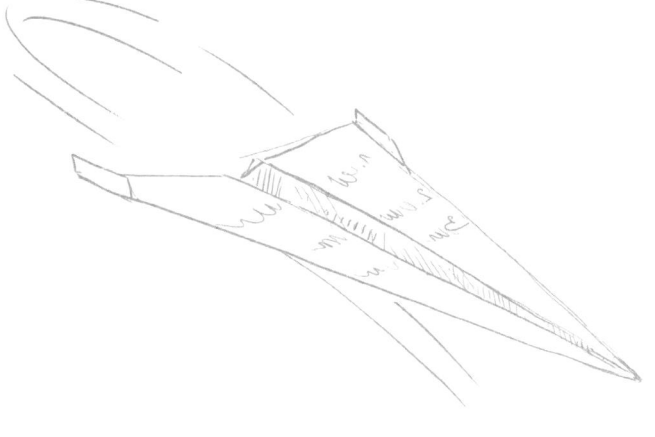

... und lass
die Seite fliegen.

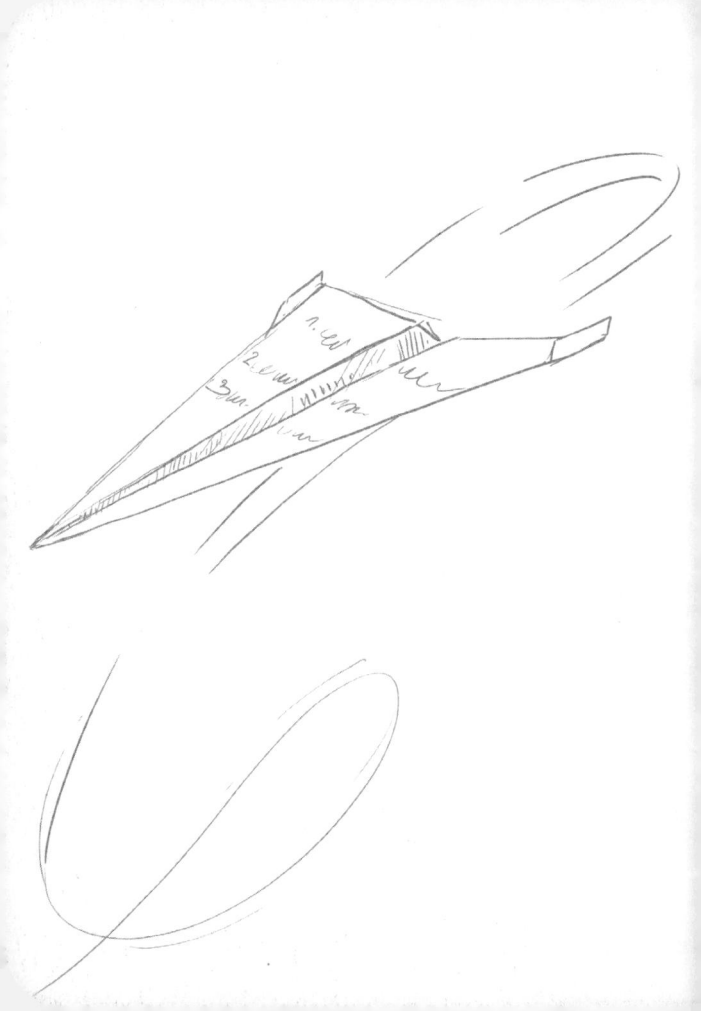

Lass das Buch eine Nacht lang draußen liegen.

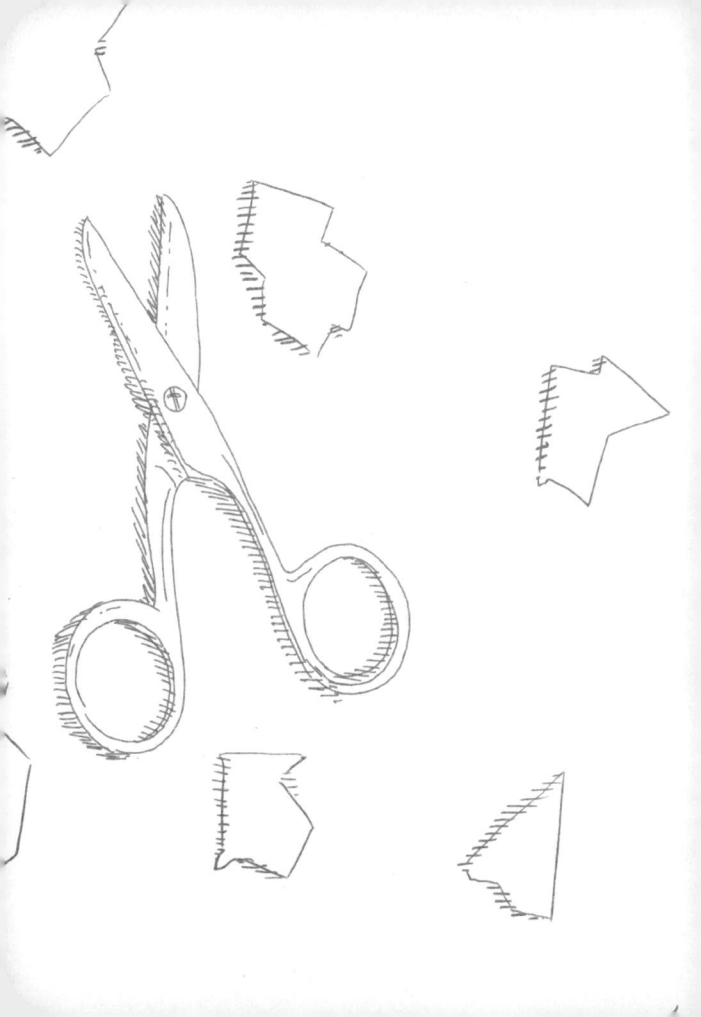

schneide verschiedene schnipsel aus zeitschriften aus und klebe sie ein.

Male ein Bild zu deinem Lieblingslied.

Kicke das Buch wie einen Fußball

Schreibe auf die Seite die Dinge, die du schon immer

deinen Lehrern sagen wolltest,
dich aber nicht traust.

HIER KANNST DU BLÄTTER ODER BLÜTEN TROCKNEN.

Platz für Regeln, die du nicht beachtest.

Verreibe Spitzerreste auf dieser Seite.

Benutze diese Seite als Butterbrotpapier.

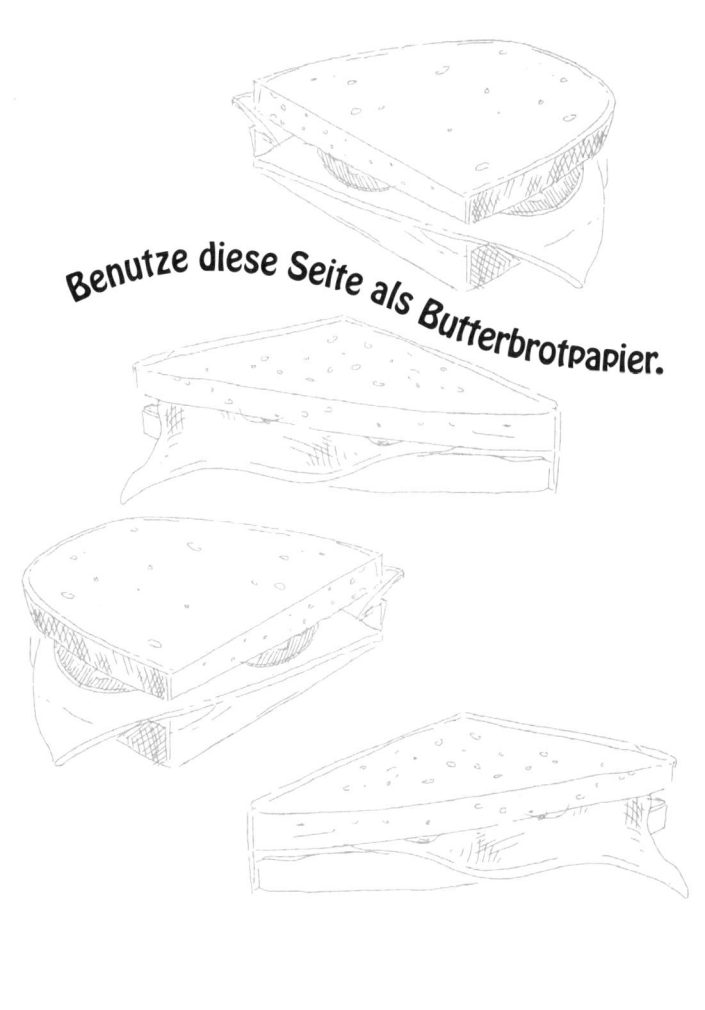

SPIELE TISCHTENNIS

MIT DEM BUCH

Schreibe hier die Sprüche deiner Eltern rein, die dich extrem nerven.

Klebe ein Bild aus Strohhalmen.

Sie dürfen auch gebraucht sein.

Welches seltsame Gespräch konntest du heute mit anhören?

Nutze das Buch als Schaufel und baue eine Sandburg.

Schneide viele Streifen in die Seite.

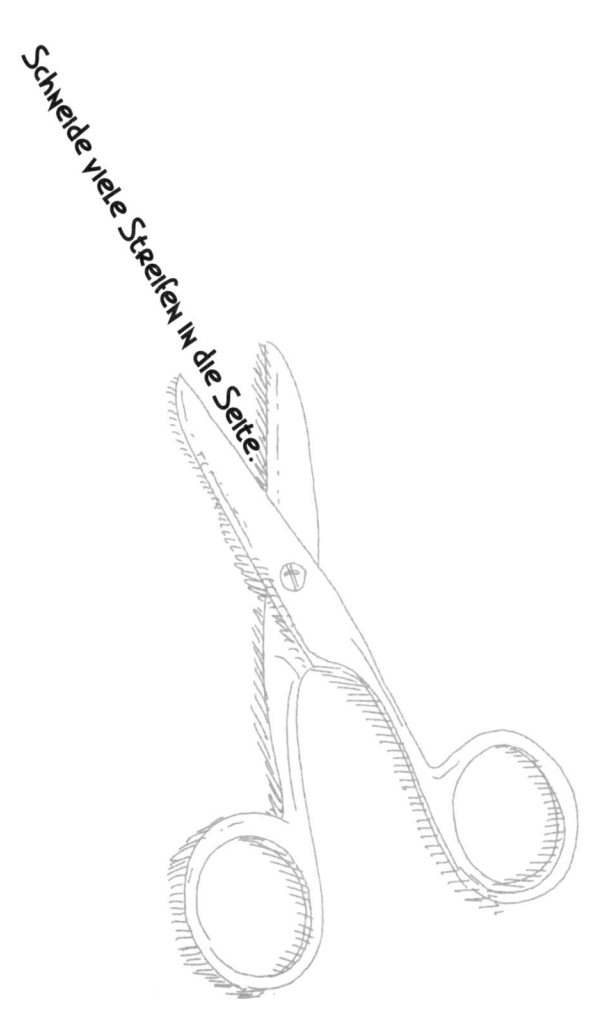

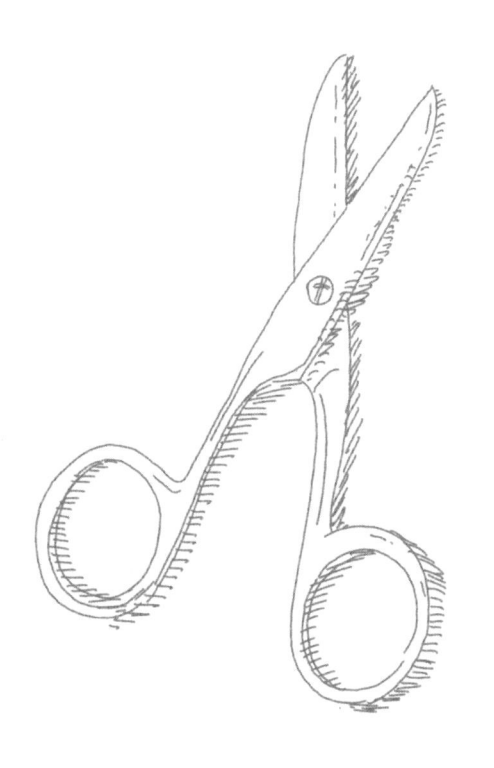

Schreibe einen Werbespruch für Müsliriegel...

HIER IST VIEL PLATZ FÜR AUSGEKAUTE KAUGUMMIS.

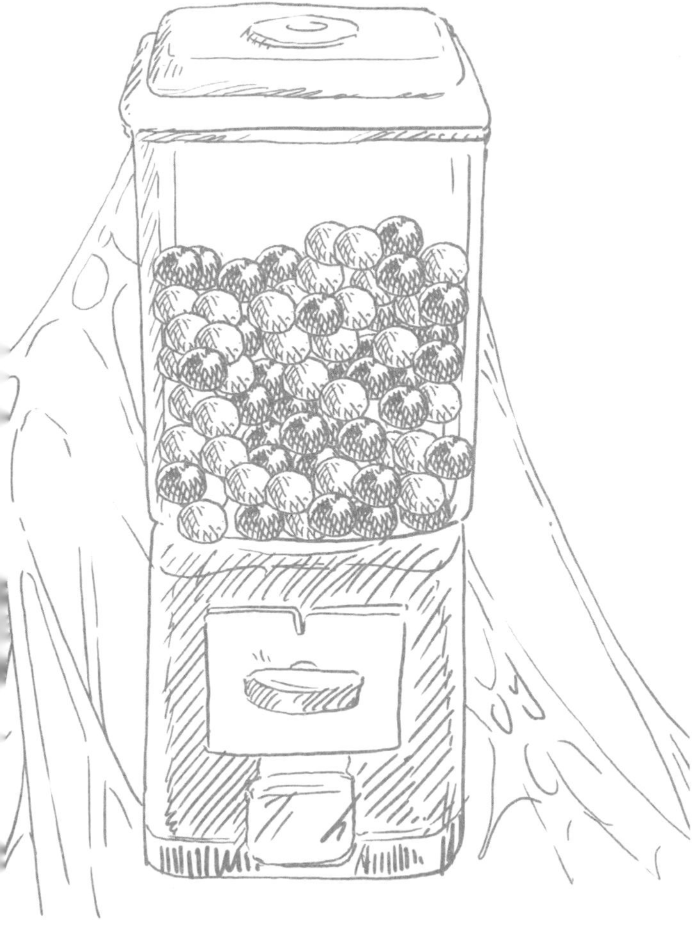

Male hier dein Lieblingstier und hüpfe später.

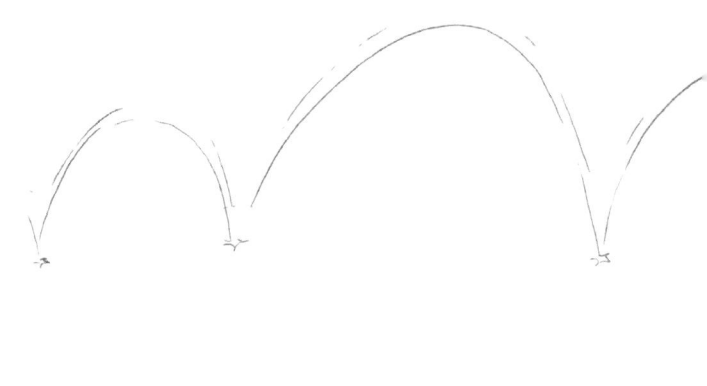

Platz für die dümmsten Sprüche

deiner Klassenkameraden.

Reinige diese Seite mit Seife

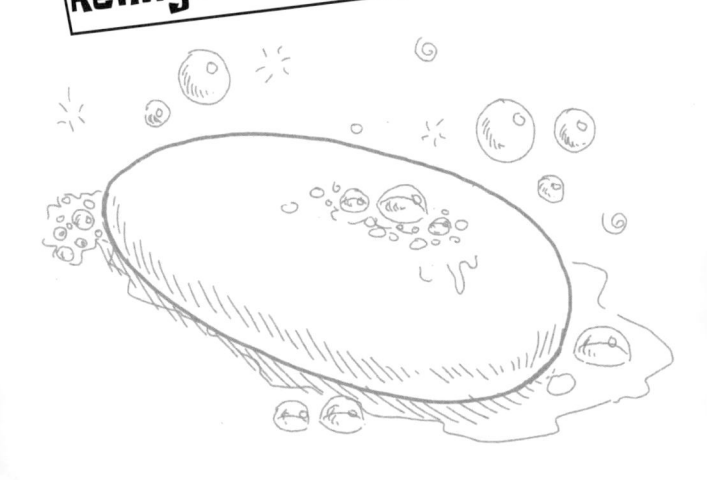

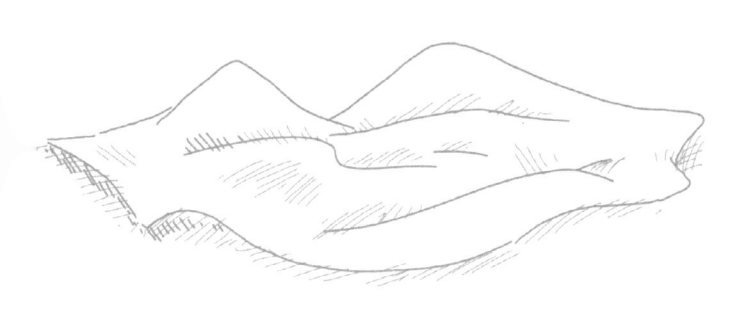

und wenig Wasser.

Schließe deine 👀

und schreibe 3 Sätze über dich.

Kannst du das auch?

schrift

**Schreibe die Titel
deiner Lieblingsfilme in

-lepeiqS**

Gestalte das Ende dieses Buches.

Ende. Fin. The End. Finito.